Von Hexen und Schurken –
Geschichten berühmter Bösewichte

Dieses Buch gehört

....

Von Hexen und Schurken –
Geschichten berühmter Bösewichte

Inhalt

Die böse Königin

Es lebte einst vor langer Zeit in einem fernen Königreich eine böse und eitle Königin. Jeden Tag befragte sie ihren Zauberspiegel, wer die Schönste im ganzen Land sei. Jeden Tag antwortete der Spiegel: „Ihr seid die Schönste im ganzen Land." Eines Morgens jedoch hielt der Spiegel eine andere Antwort bereit: „Eure Schönheit ist berühmt, Eure Majestät, aber ach! Ich sehe ein schönes Mädchen. Ihre Schönheit bleibt selbst in Lumpen gehüllt nicht verborgen. Sie ist schöner als Ihr."

Die Königin schnappte nach Luft. „Schneewittchen!"

Schneewittchen war die Stieftochter der Königin. Dass die Schönheit des Mädchens ihre eigene einst überragen würde, hatte die Königin schon lange befürchtet. Sie kleidete das Mädchen in Lumpen und ließ sie Arbeiten im Schloss verrichten, aber es schien, als könne man ihre Schönheit nicht verbergen.

Die Königin sandte nach ihrem Jäger. „Geh mit Schneewittchen tief in den Wald",
befahl sie. „Und dort, mein treuer Jägersmann, wirst du sie töten!"

Der Jäger protestierte, aber die Königin erinnerte ihn daran, dass ihm die
Todesstrafe drohte, sollte er versagen. Lächelnd übergab sie ihm ein verziertes
Kästchen aus Holz. „Hier hinein lege ihr Herz und bringe es mir!", verlangte sie
höhnisch.

Die Königin lächelte, als sie den Jäger mit dem Mädchen in den Wald gehen
sah. Sobald Schneewittchen tot war, würde sie wieder die Schönste von allen sein!

Der Jäger fürchtete den Zorn der Königin. Er führte Schneewittchen tief in den Wald, wo sie wilde Blumen pflückte. Die Prinzessin war glücklich. Sie hatte einen hübschen Prinzen getroffen und konnte nicht aufhören, an ihn zu denken. Während sie Blumen pflückte, summte sie leise vor sich hin. Der Jäger hob seinen Dolch.

Kurze Zeit später kehrte der Jäger zum Schloss zurück. Er übergab der Königin das Kästchen. Es lag ein Herz darin!

Die Königin rannte in ihr Schlafzimmer, um den Spiegel zu befragen. Ohne Schneewittchen würde sie wieder die Schönste im ganzen Land sein! „Spieglein, Spieglein an der Wand, wer ist jetzt die Schönste im ganzen Land?", fragte sie, das Kästchen des Jägers fest an sich gepresst.

„Hinter den sieben Bergen, in der Hütte der sieben Zwerge, lebt immer noch Schneewittchen, die Schönste von allen. In Eurer Hand haltet Ihr das Herz eines Schweines", antwortete der Spiegel.

Die Königin raste vor Wut. Man hatte sie hereingelegt!

Ihr schwarzer Umhang flatterte, während die Königin eine lange Wendeltreppe hinab ins Burgverlies stürmte. In dunklen Ecken hockten Ratten, und Spinnweben hingen von den Steinen herab.

Der Königin war nun klar, dass sie niemand anderem vertrauen konnte, die Übeltat für sie zu begehen. Wenn sie die Schönste im ganzen Land sein wollte, musste sie sich selbst um Schneewittchen kümmern!

„Ich gehe zur Zwergenhütte in den Wald. Ich werde mich so gut verkleiden, dass mich niemand erkennen kann", rief die Königin aus.

Die Königin ließ den Blick über ihre Bücherregale schweifen und zog schließlich ein dickes Buch mit Zaubersprüchen hervor. Sie brauchte einen Zaubertrank, um sich zu verwandeln. „Mumienstaub macht alt", sagte sie, während sie die Zutaten in einem Kelch vermischte. „Die Schwärze der Nacht färbt meine Kleider. Das Gackern eines alten Weibes verleiht mir eine krächzende Stimme. Der Schrei der Angst färbt meine Haare weiß."

Das Gebräu blubberte und zischte im Glas. „Lass den Zauber beginnen", murmelte die Königin. Sie hob den Kelch an ihre Lippen und schluckte den Zaubertrank.

Nebel begann die Königin einzuhüllen. Sie ließ den Kelch fallen. Er fiel scheppernd zu Boden. Ein Windstoß fuhr durch den Raum und Blitze zuckten, als die schmerzhafte Verwandlung der Königin begann. Ihr Haar wuchs lang und wurde schlohweiß. Die Königin griff sich an die Kehle, als ihre Stimme brach und die Haut runzlig wurde.

Schließlich war die Verwandlung ganz vollbracht. „Eine perfekte Verkleidung", krächzte sie. Die Königin sah wie eine hässliche, alte Bettlerin aus!

„Und nun denken wir uns einen ganz besonderen Tod für unsere Schöne aus. Welcher Art soll er wohl sein?", fragte sie hämisch und blätterte durch ihr Zauberbuch. „Ah, ein vergifteter Apfel!" Vorsichtig tunkte sie einen Apfel in ihren brodelnden Kessel und sagte einen dunklen Zauberspruch auf.

Dann hielt die Königin den Apfel triumphierend in die Höhe. Plötzlich kam ihr ein schrecklicher Gedanke. Was, wenn es ein Gegengift gab? Sie blätterte hastig im Buch. „Da ist es! Das Opfer des Schlafenden Todes kann nur vom Kuss der Ersten Liebe wieder aufgeweckt werden. Keine Angst! Die Zwerge werden glauben, dass sie tot ist!", rief sie lachend.

Die Königin war begierig, ihren Plan in die Tat umzusetzen, und füllte ihren
Korb schnell mit Äpfeln. Den vergifteten Apfel legte sie ganz nach oben.
Dann ruderte sie auf dem Wassergraben durch den dichten, wirbelnden
Nebel auf den dunklen Wald zu. Dort angelangt nahm sie ihren Korb und
eilte durch das Dickicht, um das Mädchen zu finden.

Es dauerte die ganze Nacht, bis die Königin die Hütte der Zwerge tief im Wald erreicht hatte. Sie beobachtete, wie Schneewittchen sich von allen Zwergen verabschiedete, die sich auf den Weg zur Arbeit machten. Nachdem alle Zwerge außer Sicht waren, erschien die Königin am Fenster.

„Ganz allein, mein Kind?", fragte sie. „Backst du Kuchen?"

Schneewittchen nickte. „Ja, Stachelbeerkuchen."

Die Königin lächelte listig. „Ach, mir lässt Apfelkuchen das Wasser im Mund zusammenlaufen." Sie nahm den vergifteten Apfel aus ihrem Korb. „Möchtest du einen probieren, meine Liebe, hm? Los, beiß ruhig hinein."

Aber gerade als Schneewittchen den Apfel nehmen wollte, fiel eine Vogelschar über die Königin her. Sie wehrte sich, und Schneewittchen scheuchte die Vögel fort. Der Vogelschwarm zerstreute sich. Das war die Gelegenheit für die Königin, in die Hütte zu gelangen!

„Oh, mein Herz! Oh weh, mein schwaches Herz!" Die Königin stöhnte. „Lass mich ins Haus, damit ich ausruhen kann."

Schneewittchen half der Königin in die Hütte. Die Königin lächelte in sich hinein. Nun musste sie Schneewittchen nur noch dazu bringen, den vergifteten Apfel zu essen.

Die Königin hatte eine Idee. Sie wandte sich Schneewittchen zu. „Das ist kein gewöhnlicher Apfel. Es ist ein magischer Apfel! Ein Biss, und all deine Träume werden wahr. Gibt es vielleicht jemanden, den du liebst?"

„Nun, da gibt es jemanden", gab Schneewittchen zu.

„Das dachte ich mir", sagte die Königin. „Wünsch dir etwas und nimm einen Bissen."

Schneewittchen nahm den Apfel. Die Königin beobachtete sie begierig und ermutigte sie, hineinzubeißen.

Schneewittchen dachte an ihren Prinzen und biss in den Apfel. „Oh, ich fühle mich merkwürdig", sagte sie. Einen Moment später fiel sie zu Boden.

Die Königin kicherte triumphierend. Draußen blitzte es. „Nun werde ich die Schönste im ganzen Land sein!"

Als die Königin die Hütte verließ, sah sie die Zwerge auf ihren Hirschen herbeireiten. Die Tiere hatten gemerkt, dass Gefahr im Verzug war, und die Zwerge wollten die Königin fangen.

Die Königin rannte im Regen durch den Wald. Sie gelangte auf einen steilen Felsen. Die Zwerge kletterten hinter ihr her, bis sie am Felsenrand in der Falle saß. „Was mache ich bloß?", überlegte sie keuchend. Sie würde sich von einem Haufen Zwerge doch nicht geschlagen geben!

Die Königin sah sich um, ergriff einen Stock und begann, einen riesigen Felsblock zu lockern. „Ich kriege euch. Ich zerschlage euch alle Knochen!", schrie sie.

Die Königin lachte hämisch, als der Felsen sich löste. Plötzlich schlug ein heftiger Blitz in den Felsvorsprung ein, auf dem sie stand. Mit einem Schrei fiel die Königin ins Tal und wurde von dem riesigen Felsblock zerschmettert.

Die Zwerge legten Schneewittchen in einen Sarg aus Glas und bewachten sie. Eines Tages erschien ihr Prinz, der nach ihr gesucht hatte, auf der Lichtung. Vorsichtig küsste er sie. Da war der böse Fluch der Königin gebrochen! Der Kuss der Ersten Liebe erweckte die Prinzessin. Nun musste Schneewittchen nicht länger in Angst vor der Königin leben, und sie und der Prinz lebten für immer glücklich zusammen.

Käpt'n Hook

Verflucht sei dieser Peter Pan!", schimpfte Käpt'n Hook. „Wenn ich doch bloß sein Versteck fände, würde ich ihn fangen."

Hook war der Kapitän der Jolly Roger, einem Piratenschiff. Mehr als fast alles andere hasste er Peter Pan. Jahre zuvor hatte Peter Kapitän Hook die Hand abgeschlagen und an ein Krokodil verfüttert.

Käpt'n Hook hatte einen Traum: Peter Pan und seine Freunde, die verwunschenen Kinder, zu zerstören.

Das Einzige, was Hook noch mehr hasste als Peter Pan, war das Krokodil, das seine Hand gefressen hatte. Er fürchtete sich sehr vor dieser Kreatur.

„Dieses verfluchte Biest mag meinen Geschmack so gern, dass es mich seitdem verfolgt und sich schon seine Krallen nach mir leckt!", jammerte Hook.

„Und er hätte Sie bereits geschnappt, Käpt'n, wenn er nicht diesen Wecker verschluckt hätte. Nun warnt er uns immer mit seinem Ticktack, Ticktack, wenn er in der Nähe ist", sagte Smee, Hooks Erster Offizier.

Eines Tages entdeckten Käpt'n Hook und Mr Smee eine Freundin von
Peter Pan, Tiger Lily.

Hook hatte eine Idee. Vielleicht könnte er Tiger Lily dazu bringen, ihm
zu verraten, wo sich Peter Pan versteckt hielt. Käpt'n Hook wusste, wie man
Leute zum Reden brachte. Und er bildete sich ziemlich viel darauf ein, gute
Abmachungen treffen zu können. Hook und Smee schlichen an Tiger Lily
heran. Sie schnappten sie sich und fesselten sie!

Hook setzte Tiger Lily auf einen Stein mitten ins Wasser. Sicher wäre sie
ängstlich genug, ihm alles zu sagen, was er so dringend wissen wollte, bevor
das Wasser anstieg.

„Wenn du mir verrätst, wo sich Peter Pan versteckt, lasse ich dich frei",
versprach er. „Besser du sagst es mir, meine Liebe, bevor die Flut kommt.
Denn dann ist es zu spät."

Aber Tiger Lily hob nur stolz ihr Kinn. Sie weigerte sich, Peter zu verraten.

In diesem Augenblick hörte Hook hinter sich einen Schrei.

„Käpt'n Hook, du alter Kabeljau!" Es war Peter Pan!

Hook zog sein Schwert. Endlich war Peter in Reichweite. „Komm her,
Junge, wenn du den Geschmack von kaltem Stahl magst!", rief er.

Hook stürzte sich auf den Jungen und wedelte mit seinem Schwert,
aber Peter war zu flink. Es machte Hook ganz verrückt, wie Peter um
ihn herumtanzte und -hüpfte. Hook trieb ihn mit seinem Schwert an den
Rand einer Klippe.

„Diesmal hab ich dich, Pan!", rief er.

Peter wich vor Hook zurück – und fiel von der Klippe. Ohne nachzudenken, sprang Hook hinterher.

„Aaaaaahhhh", schrie er, als er sich am äußersten Rand der Klippe festkrallte. Er hatte vergessen, dass er nicht fliegen konnte wie Peter Pan.

„Horch mal, Hook", sagte Peter. „Hörst du auch etwas?"

Hook hörte ein vertrautes Geräusch … Ticktack, Ticktack, Ticktack.

Hook sah hinunter. Da war das Krokodil, mit weit geöffnetem Maul, und wartete auf ihn. In Panik rutschte Hooks Hand ab und er fiel hinab. „Smee! Hilf mir! Smeeeeeee!"

Das Krokodil versuchte Hook zu verschlingen, aber dem panischen Kapitän gelang es zu entkommen.

„Smee! Smee!", rief Hook, als er ins Ruderboot kletterte. „Rudere zum Schiff! Rudere zum Schiff!"

„Verflucht sei Peter Pan, mich so zum Narren zu halten", sagte Hook später. Der Junge hatte versucht, Hook an das Krokodil zu verfüttern. Nun war der Kapitän mehr denn je entschlossen, Peter Pan zu kriegen!

An diesem Abend erzählte Smee dem Kapitän, dass Peter vor Kurzem ein Mädchen namens Wendy auf die Insel gebracht hatte. Es sah so aus, als sei Tinkerbell, Peters Feenfreundin, eifersüchtig auf dieses Mädchen.

Das brachte Hook auf eine Idee. Auf seinen Befehl hin fing Smee die kleine Elfe und brachte sie auf die Jolly Roger.

Käpt'n Hook versprach Tinkerbell, dass er Wendy fangen und aus Nimmerland fortbringen würde, wenn Tink ihm Peters Versteck verriet. Tinkerbell fiel auf seinen bösen Plan herein und zeigte ihm Peters Versteck auf der Karte. Aber erst nachdem er ihr versprochen hatte, dass er seine Hände von Peter lassen würde – also auch seinen Haken.

Als die Nacht hereinbrach, folgten Käpt'n Hook und seine Mannschaft Tinkerbells Wegbeschreibung direkt zu Peters Versteck – ein Platz namens Henkerbaum. Sofort griffen sie an. Der Überfall kam für Wendy und die verwunschenen Kinder so überraschend, dass sie sich leicht festnehmen ließen.

Nun war der Zeitpunkt für Hook gekommen, sich mit Peter Pan zu befassen!

Hook kicherte, als er ein aufwendig verpacktes Geschenk ins Versteck legte. Darin lag eine Bombe!

„Wäre es nicht angemessener, ihm den Hals aufzuschlitzen?", fragte Smee.

„Jawohl", antwortete Hook lachend, „aber ich habe versprochen, meine Hände – einschließlich Haken – von Peter Pan zu lassen. Und Käpt'n Hook hält seine Versprechen!"

Hook befahl den Piraten, Wendy und die anderen Kinder zurück zur Jolly Roger zu bringen. Wendy und die verwunschenen Kinder mussten sich entscheiden: Entweder sie traten Hooks Mannschaft bei, oder sie mussten über die Planke gehen!

Wendy weigerte sich, Teil von Hooks Piratenmannschaft zu werden. Das hatte Hook nicht erwartet. Wenn er Wendy nicht dazu bringen konnte, auf seine Seite zu wechseln, dann musste sie als Abschreckung für die anderen herhalten.

Hook sagte mit einer vornehmen Verbeugung zu Wendy: „Die Dame zuerst, Gnädigste!"

Er sah ihr zu, wie sie die Planke entlangging. Einen Schritt nach dem anderen, immer näher zur Kante, bis sie schließlich … sprang!

Käpt'n Hook wartete und wartete … aber er hörte kein Platschen. Die anderen Piraten begannen ängstlich zu jammern.

„Das Schiff ist verhext!", rief Smee.

Aber es war kein Geist, der es auf Hook abgesehen hatte. Es war Peter! Tinkerbell hatte ihn vor dem explosiven Geschenkpaket gewarnt. Sie waren gekommen, um Wendy zu retten!

Hook traute seinen Augen nicht. Peter Pan hätte tot sein müssen! Der Kapitän knurrte wütend. Er musste die Angelegenheit selbst in die Hand – oder den Haken – nehmen.

Käpt'n Hook zog sein Schwert, als Peter auf ihn zuflog. „Nimm das!", schrie er, warf sich ihm entgegen und brachte ihn aus dem Gleichgewicht.

„Ich krieg dich!"

Hook kämpfte verbissen, aber Peter Pan hatte einen Vorteil: Er konnte

fliegen. Hook musste irgendwie ein Gleichgewicht im Kampf erzeugen.

    „Du traust dich nicht, dem alten Hook Mann gegen Mann

gegenüberzutreten", spottete er. „Du fliegst lieber weg wie ein feiger Spatz."

    „Ich kämpfe Mann gegen Mann mit einer Hand auf dem Rücken!",

jauchzte Peter.

Das war Hooks Chance! Er zielte mit seinem Schwert auf Peter. Der Junge wich aus und sprang aus dem Weg, aber er hielt sein Wort: Er flog nicht davon. Hook überraschte Peter mit einem Hieb, der Peter fast von einem der Segel stürzen ließ!

Hook spürte, dass sein Triumph nah war. Peter konnte nicht entkommen!

Der Pirat schlug mit seinem Schwert nach Peter, aber Peter sprang gerade noch rechtzeitig aus dem Weg. Hook war nicht bewusst, wie nah er am Rand des Schiffes stand. Er verlor sein Gleichgewicht und fiel über Bord. Das Einzige, was noch schlimmer war, als Peters Lachen zu sehen, war das, was unten im Wasser auf ihn wartete. Es war sein größter Albtraum: das Krokodil!

Schon wieder musste er sich aus den Fängen des Krokodils befreien. Schnell schwamm er in Sicherheit, dicht gefolgt vom Ticktack, Ticktack hinter ihm.

Hook hatte gegen Peter Pan verloren. Aber er wusste, dass er eines Tages wieder die Chance bekommen würde, sich zu rächen.

Malefiz

In einem weit entfernten Land lebten vor langer Zeit ein König und eine Königin und wünschten sich sehnlichst ein Kind. Schließlich ging ihr Wunsch in Erfüllung. Sie nannten ihre Tochter Aurora, nach dem Sonnenaufgang, denn sie füllte ihr Leben mit Sonnenschein.

Malefiz beobachtete vom Verbotenen Berg aus, wie die Untertanen des Königs am Schloss erschienen, um die Geburt der Prinzessin zu feiern.

Malefiz war nicht zu den Feierlichkeiten eingeladen worden. Das machte sie zornig.

In einem Blitz aus grünen Flammen transportierte sie sich zum Schloss. Dort waren die drei guten Feen gerade dabei, das Kind mit Geschenken zu überschütten.

„Ich war wirklich etwas unglücklich darüber, dass ich keine Einladung erhalten habe", sagte Malefiz zum König. „Aber als Zeichen, dass ich keine Missgunst gegen euch hege, werde ich dem Kind auch ein Geschenk machen. Hört gut zu. Die Prinzessin soll in Gnade und Schönheit aufwachsen, von allen geliebt, die sie kennen. Aber bevor die Sonne an ihrem sechzehnten Geburtstag untergeht, soll sie sich ihren Finger an einer Spindel stechen … und sterben!"

Malefiz lachte hämisch. Bevor die Palastwachen sie ergreifen konnten, verschwand sie wieder in einem grünen Feuer.

Der König war besorgt. Malefiz besaß große Macht, und er zweifelte nicht daran, dass ihr Fluch wahr werden würde. Daher entschied er sich, seine Tochter fortzuschicken. Die guten Feen Flora, Fauna und Sonnenschein sollten sich um sie kümmern.

Die Feen verloren keine Zeit. Sie verkleideten sich als Bäuerinnen und nahmen das Baby mit an einen Ort, wo niemand es finden würde.

Sechzehn Jahre vergingen, und die Prinzessin wuchs zu einem schönen, glücklichen Mädchen namens Dornröschen heran. Das Mädchen wusste nicht, dass es in Wirklichkeit Prinzessin Aurora war und ihre „Tanten" die guten Feen.

Um den Verbotenen Berg wirbelten düstere Sturmwolken. Blitze zuckten im Himmel. „Es ist unglaublich. Sechzehn Jahre und von ihr keine Spur", wütete die Königin. „Sie kann sich doch nicht in Luft aufgelöst haben!"

Als Malefiz' Gefolgsleute ihr versicherten, dass sie jede Wiege im Dorf abgesucht hatten, konnte sie ihre Wut nicht unterdrücken. Sie hatten nach einem Baby gesucht, obwohl die Prinzessin doch schon herangewachsen war!

Malefiz wandte sich an ihren Raben. „Du bist meine letzte Hoffnung", sagte sie. „Fliege hoch und weit. Such nach einem jungen Mädchen von sechzehn Jahren mit Haar golden wie der Sonne Glanz und Lippen rot wie Rosen. Los, enttäusche mich nicht!"

Im Wald bereiteten die guten Feen gerade Auroras sechzehnten Geburtstag vor. Sie hatten bereits vor langer Zeit ihre Zauberstäbe abgegeben in der Sorge, Malefiz könnte durch Magie ihren Aufenthaltsort erraten. Aber während das Mädchen im Wald spazieren ging, holten sie sie hervor. Ein wenig Magie konnte doch nicht schaden? Sie hatten die Prinzessin schon so lange beschützt!

Aber ach, genau nach so etwas hatte der Rabe von Malefiz gesucht. Er sah die magischen Funken aus dem Schornstein sprühen und flog auf das Dach der Hütte. Er sah, wie Aurora zurückkehrte und den guten Feen von einem hübschen Mann erzählte, den sie im Wald getroffen hatte. Sie war verliebt!

Als die Feen Aurora daraufhin die Wahrheit sagten – dass sie eine Prinzessin war –, wusste der Rabe, dass er das Mädchen gefunden hatte, nach dem er gesucht hatte. Mit einem heiseren Schrei flog er zurück zu Malefiz, um es ihr zu erzählen.

Auf dem Schloss erwarteten König Stefan und die Königin die Rückkehr ihrer Tochter. Es war Auroras sechzehnter Geburtstag. Sobald die Sonne unterging, würde die Prinzessin von Malefiz' Fluch befreit sein.

Die Feen brachten Aurora zum Schloss. In ihrem Zimmer angekommen, bat das Mädchen darum, allein gelassen zu werden. Die Feen wähnten sie in Sicherheit und stimmten zu. Aber Aurora war nicht allein. Malefiz wartete auf sie. Eine leuchtende, grüne Kugel erschien und versetzte die Prinzessin in Trance. Die wehrlose Aurora folgte der Kugel.

Aurora ging durch einen geheimen Gang – die Feen konnten ihr nicht folgen.

Sie ging langsam, Schritt für Schritt, eine dunkle Wendeltreppe hinauf.

Schließlich fand sie sich in einem Raum mit einem Spinnrad und einer Spindel wieder! Die Stimme von Malefiz erfüllte das Zimmer. „Berühre die Spindel. Berühre sie, sag ich!", befahl sie.

Aurora gehorchte.

Als die Feen schließlich doch zu dem Raum gelangten, erwartete sie dort Malefiz.

„Ihr armen, dummen Narren", sagte Malefiz. „Dachtet ihr, dass ihr mich besiegen könnt? Mich! Die Meisterin des Bösen! Nun, hier habt ihr eure kostbare Prinzessin!"

Malefiz schwang ihren Umhang beiseite. Der leblose Körper der Prinzessin kam zum Vorschein. Malefiz verschwand mit einem höhnischen Lachen.

Aber Aurora war nicht tot, denn die Fee Sonnenschein hatte den Fluch
abgeschwächt. Durch die Berührung der Spindel war Aurora lediglich in einen
tiefen Schlaf gefallen. Nur der Kuss der Wahren Liebe konnte sie aufwecken.

Malefiz' Rabe hatte gehört, wie das Mädchen den Feen von dem Jungen
erzählte, den sie im Wald getroffen hatte. Die beiden hatten sich für diesen
Abend bei der Hütte verabredet.

Malefiz setzte sich in die Hütte und wartete auf ihn. Als der Junge eintrat,
stürzten sich die Schergen von Malefiz auf ihn. Der Junge versuchte sich zu
befreien, aber die anderen waren zu stark. Sie ergriffen und fesselten ihn.

Malefiz trat näher an den Jungen heran. „Was für eine nette Überraschung“, sagte sie. „Ich stellte meine Falle für einen Bauern auf, und siehe da – ich fange einen Prinzen!“ Sie hatte erkannt, dass der Junge niemand anders als Prinz Philipp war. Er und Aurora waren einander seit ihrer Kindheit versprochen.

Malefiz ließ Philipp in ihren Kerker einsperren. Dann eröffnete sie ihm, dass das Mädchen, in das er sich verliebt hatte, Prinzessin Aurora war, und dass sie mit einem Fluch belegt war, den nur der Kuss der Wahren Liebe lösen konnte.

Nachdem Malefiz gegangen war, erschienen die guten Feen. Sie befreiten Philipp und bewaffneten ihn mit dem verzauberten Schild der Tugend und dem mächtigen Schwert der Wahrheit.

Malefiz wollte Philipp mit aller Macht von Aurora fernhalten. Sie umgab das königliche Schloss mit Dornenbüschen, aber Philipp bahnte sich mit seinem mächtigen Schwert einen Weg durch das Gestrüpp.

Bald gelangte Philipp zu einer Lichtung. Dort erwartete ihn bereits Malefiz. „So, mein Prinz, jetzt musst du erst mal mit mir fertigwerden!", rief sie. Mit Magie verwandelte sie sich in einen Feuer speienden Drachen.

Philipp näherte sich. Er war bereit, es mit dem bedrohlichen Drachen aufzunehmen. Nur der Schild der Tugend schützte ihn vor der Hitze und Kraft der fürchterlichen Flammen.

Die Dornenbüsche begannen zu brennen. Um Philipp herum stiegen Flammen empor. Um ihnen zu entkommen, musste er höher steigen und kletterte auf eine Klippe.

Malefiz folgte ihm.

Philipp hob Schwert und Schild, bereit, den Kampf fortzusetzen. Malefiz bäumte sich siegessicher auf, um Philipp ein für alle Mal zu vernichten. Aber Philipp war auf sie vorbereitet. Als er den Moment gekommen sah, zielte er und warf sein Schwert in Malefiz' Brust.

Sie stürzte auf ihn zu, stolperte aber und stürzte von der Klippe hinab in den Tod.

Nun verlor Philipp keine Zeit und schlug sich durch die restlichen Dornen bis zur Prinzessin durch. Er beugte sich über sie und gab ihr den Kuss der Wahren Liebe.

Die Prinzessin öffnete die Augen. Der Fluch von Malefiz war gebrochen. Das Böse hatte das Land verlassen, und das Gute herrschte wieder.

Cruella De Vil

Anita, meine Liebe. Wo sind sie?", fragte Cruella de Vil, als sie ins Haus ihrer Freundin Anita platzte.

Cruella schauderte, als sie sich umsah. Sie war ein Leben im Luxus gewohnt. Sie konnte nicht nachvollziehen, wie Anita in so einem kleinen, bescheidenen Heim glücklich sein konnte.

Der Besuch allein ließ sie vor Ekel erzittern. Und Anitas Mann war noch schlimmer. Der unerträgliche Roger, der davon träumte, Musiker zu sein!

Allerdings erwarteten Anitas Dalmatiner Nachwuchs, und Cruella freute sich darauf, sie zu sehen.

Cruella schlenderte zu einem Bild von Anitas Hunden. „Was für wunderschönes, perfektes Fell", murmelte sie zu sich selbst. „Die Welpen", sagte sie. „Wo sind die kleinen Viecher?"

„Oh, es dauert noch mindestens drei Wochen", antwortete Anita.

Cruella seufzte. Sie war es nicht gewohnt, auf etwas zu warten. Aber es lohnte sich, auf etwas Schönes zu warten. Und Cruella war sich sicher: Aus dem Fell der Dalmatinerwelpen würde man einen wunderschönen Mantel nähen können!

„Ich muss mich beeilen, meine Liebe", sagte sie zu Anita. „Sag mir Bescheid, wenn die Welpen da sind. Das wirst du doch tun, oder, Schätzchen? Nicht vergessen: Es ist versprochen. Wir sehen uns in drei Wochen!"

Die drei Wochen, in denen Cruella auf die Nachricht von der Geburt der Welpen wartete, vergingen quälend langsam. Jede Nacht träumte sie von ihrem luxuriösen, neuen Mantel, aber immer noch kam kein Anruf von Anita. Doch dann, in einer stürmischen Nacht, klingelte das Telefon.

Erfreut eilte Cruella zu Anitas Haus. Endlich würde sie ihr Fell bekommen! Aber als sie die Welpen sah, wurde sie ziemlich wütend. „Es sind Bastarde!", rief sie. „Keine Flecken. Überhaupt keine Flecken! Was für abscheuliche kleine Ratten!"

„Sie bekommen ihre Flecken in einigen Wochen", erklärte Anita.

Cruellas Laune hellte sich wieder auf. „In diesem Fall nehme ich sie alle!"

„Es tut mir leid, aber wir können sie nicht abgeben", sagte Anita.

Cruella dachte einen Augenblick nach. Sie hatte genug Geld. Sie konnte Anita einen Verkauf sicher schmackhaft machen. „Ich zahle dir das Doppelte ihres Wertes."

Cruella begann einen Scheck zu schreiben, aber ihr Stift schrieb nicht. Als sie ihn schüttelte, wurde Roger über und über von Tintenklecksen bedeckt!

„Wir verkaufen die Welpen nicht", erklärte ihr Roger. „Und dabei bleibt es!"

„Von mir aus. Behaltet die kleinen Biester doch!", rief Cruella. „Aber ich warne dich, Anita. Das zahle ich dir heim."

Zu Hause tobte Cruella vor Wut. Wenn sie die Welpen nicht kaufen konnte, musste sie einen anderen Weg finden, an ihr schönes Fell zu kommen!

Cruella wartete, bis sie sicher war, dass die Welpen ihre schwarzen Flecken bekommen hatten. Dann schickte sie ihre beiden Lakaien Horace und Jasper zu Anitas Haus. Als Anita und Roger spazieren gingen, klingelten die Schurken an der Tür.

Nanny öffnete ihnen, und sie schoben sich an ihr vorbei ins Haus. Sie sperrten Nanny ein und fingen sich alle fünfzehn Welpen!

Am nächsten Morgen lachte Cruella boshaft vor sich hin, als sie die Zeitung las. „Hundeentführung. Wer macht denn so was?"

In diesem Moment klingelte ihr Telefon. Es war Jasper. Er wollte das Geld, das Cruella ihm für den Hundediebstahl versprochen hatte.

Aber Cruella hatte noch mehr Arbeit für Jasper. Fünfzehn Welpen waren für den Anfang nicht schlecht, aber bei Weitem nicht genug für den Mantel, den sie sich vorgestellt hatte!

„Keinen Pfennig, bevor der Job erledigt ist!", rief Cruella.

Im Wohnzimmer lagen Horace und Jasper faul herum und sahen fern. Überall um sie herum waren Dalmatiner. Sie hatten getan, was Cruella befohlen hatte, und noch mehr Hunde gestohlen. Nun hatten sie neunundneunzig Welpen!

Plötzlich stürmte Cruella herein. Die Polizei war auf der Suche nach den Welpen.

Sie musste schnell etwas unternehmen. „Wir müssen es heute Abend tun!",
sagte sie. „Versteht ihr? Heute!"

„Aber sie sind noch nicht groß genug", entgegnete Jasper.

Cruella war zornig. Sie wollte ihren Mantel, und sie
wollte ihn sofort!

Aber bevor Horace und Jasper tun konnten, was Cruella verlangte, hatten die Eltern der Welpen sie ausfindig gemacht. Sie griffen die Männer an und halfen den Hundewelpen zu entkommen. Horace und Jasper hatten keine Wahl: Sie mussten Cruella sagen, was passiert war.

Als Cruella erfuhr, dass die Welpen verschwunden waren, konnte sie
ihre Wut nicht mehr beherrschen. Die Gelegenheit, einen einzigartigen
Pelzmantel zu bekommen, zerrann ihr zwischen den Fingern. Sie war zu
allem bereit, um die Dalmatiner zurückzubekommen!

Cruella sprang in ihr Auto und raste zu ihrem Anwesen. „Also, irgendeine Spur von ihnen?", fragte sie, nachdem sie Horace und Jasper eingeholt hatte.

„Kein einziger Pfotenabdruck", antwortete Jasper. „Und wir sind alle Straßen abgefahren."

„Wir sind steif vor Kälte. Wir geben auf", fügte Horace hinzu.

Durch das Autofenster griff Cruella Horace am Kragen. „Oh nein, das tut ihr nicht", sagte sie. Cruella wollte ihren Mantel, sie gab nicht auf. „Wir finden die kleinen Viecher, und wenn wir bis nächstes Weihnachten suchen müssen!", rief sie.

Cruella seufzte. Sie wusste, dass sie nicht auf Horace und Jasper zählen konnte. Sie musste die Sache selbst in die Hand nehmen.

Cruella fuhr durch die Nacht. Es schneite, und sie konnte nur mit Mühe die Straße erkennen, aber das war ihr egal. Das bisschen schlechtes Wetter würde sie nicht von dem abhalten, was sie wollte!

Die Sonne ging auf, und Cruella bemerkte Pfotenabdrücke auf dem Boden. Endlich hatte sie eine Spur gefunden! „Und sie dachten, sie könnten Cruella überlisten", sagte sie mit einem bösen Lachen.

Sie folgte den Spuren zu einem kleinen Dorf. Hier würde sie ihre Beute finden!

Aber so gründlich sie auch suchte, Cruella fand keinen einzigen Dalmatiner. Überall, wo sie hinschaute, sah sie nur schwarze Labradore.

Cruella beobachtete, wie die Labradore auf einen Lieferwagen sprangen.
Plötzlich fiel etwas Schnee auf einen der Hunde.

„Das kann nicht sein. Das ist unmöglich!", rief Cruella aus. Der Schnee
hatte das schwarze Tier weiß gefärbt! Es war ein Dalmatiner! Sie hatten sich
alle in Ruß gerollt und schwarz gefärbt. Sie konnte nicht fassen, dass die
Tiere sie ausgetrickst hatten.

Cruella trat so fest sie konnte
aufs Gas und verfolgte den
Lieferwagen. Sie holte ihn ein
und rammte ihn von der Seite. Ihr
Auto prallte ab, und sie steuerte es
erneut gegen den Lieferwagen.

Cruella war fest entschlossen.
Wenn sie den Wagen über die
Klippen stürzte, hätten die Welpen
keine Möglichkeit zu entkommen.
Sie würde sie fangen und hätte
endlich ihren Mantel!

Cruella war so auf den Wagen
fixiert, dass sie nicht auf die Straße
achtete. Sie fuhr geradewegs eine
Klippe hinab, und ihr Auto kam
in einem Schneehügel zum Stehen.
Sie bugsierte sich mit dem Auto
aus dem Schnee und raste zurück
zur Straße, um den Lieferwagen
wieder einzuholen.

Aber es sollte nicht sein. Statt mit dem Lieferwagen stieß sie mit Horace und Jasper zusammen. Beide Autos landeten in einer Böschung.

„Ihr Idioten!", schrie Cruella, als sie aus dem Wrack stieg. „Ihr Trottel."

Cruella sah den Lieferwagen wegfahren. Die Dalmatinerwelpen waren frei!

Cruella tobte vor Wut. Sie hatte ihre Chance vertan … für den Moment.

Ursula

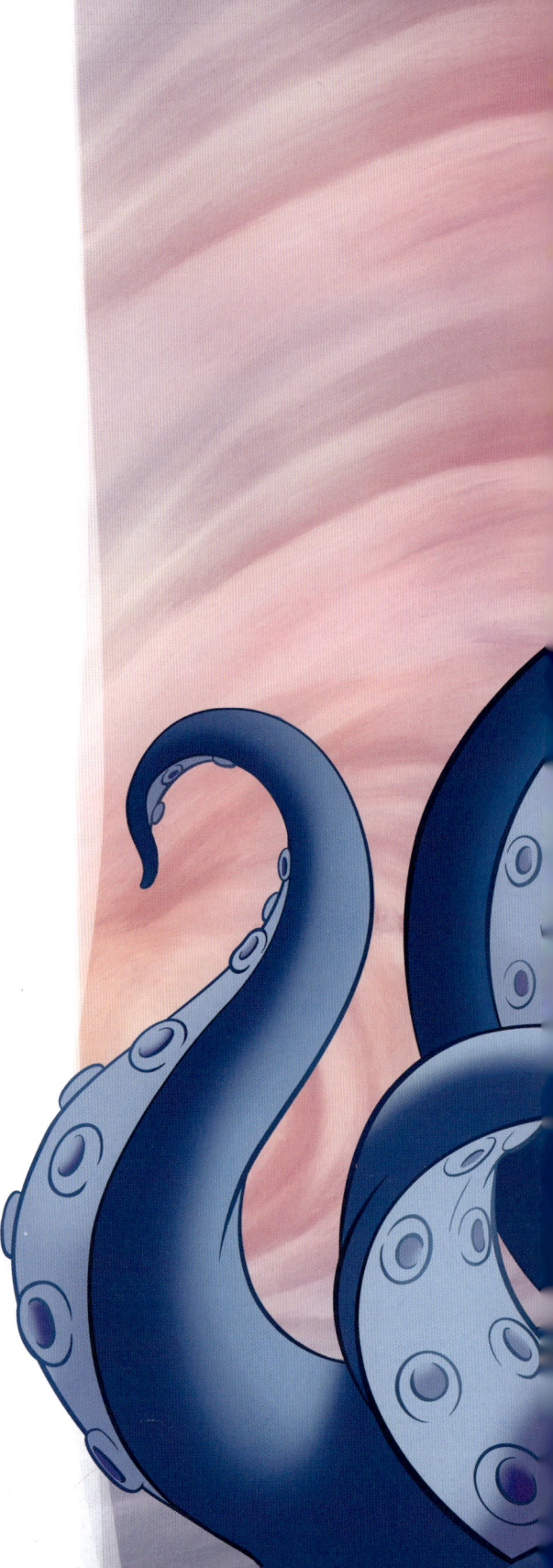

Tief unten im Meer beobachtete die Meerhexe Ursula in ihrer magischen Kugel Arielle, König Tritons Tochter. Ursula war von Triton, dem Herrscher über das Meeresvolk, verbannt worden. Nun wollte sie sich rächen.

Mit den Augen ihrer Aale Abschaum und Meerschaum sah Ursula, wie König Triton Arielle in ihre geheime Grotte folgte. Dort lagen Unmengen von menschlichen Gegenständen, die Arielle gesammelt hatte. Und was noch schlimmer war: Arielle erzählte ihrem Vater, dass sie sich in einen Menschen verliebt hatte: Prinz Erik. Arielle hatte den Prinzen gerettet, nachdem ihn ein Sturm über Bord gefegt hatte. Zornig zerstörte Triton alle Dinge in Arielles Grotte! Das war Ursulas Chance … Sie befahl den Aalen, Arielle zu ihr zu bringen.

„Die Meerhexe kann dir helfen, deine Träume Wirklichkeit werden zu lassen",
zischten Abschaum und Meerschaum, während sie Arielle umrundeten.
„Folge uns!"

Obwohl König Triton Arielle vor der Meerhexe gewarnt hatte, wollte sie
unbedingt mit Erik zusammen sein. Abschaum und Meerschaum führten
Arielle an einem Garten mit blassen Meereskreaturen vorbei, deren Seelen
Ursula gefangen hielt. Schließlich fand sich Arielle von Angesicht zu
Angesicht mit der Meerhexe wieder.

Ursula sprach mit zuckersüßer Stimme. Sie sah dem Mädchen an, wie nervös es war. Sie musste Arielle davon überzeugen, dass sie auf ihrer Seite war, um sie für sich zu gewinnen.

„Die einzige Möglichkeit, zu bekommen, was du willst, ist, selbst ein Mensch zu werden“, sagte Ursula.

Ursula bot Arielle an, sie in einen Menschen zu verwandeln. Aber das hatte seinen Preis: Arielles Stimme! Und wie alle Abmachungen, die Ursula traf, hatte auch diese einen Haken. Um menschlich zu bleiben, musste Prinz Erik Arielle küssen, und zwar vor Sonnenuntergang am dritten Tag ihrer Verwandlung.

„Tut er das nicht, so verwandelst du dich in eine Meerjungfrau zurück und gehörst mir", sagte Ursula hämisch lachend. Sie würde alles tun, was in ihrer Macht stand, um Erik davon abzuhalten, Arielle zu küssen. Ursula grinste, als Arielle den Vertrag unterschrieb.

„Nun sing!", befahl Ursula der kleinen Meerjungfrau.

Als Arielles Stimme erklang, sammelte Ursula sie in einer Muschel ein, die sie um den Hals trug.

Ursula verwandelte Arielle in einen Menschen. Das Mädchen wurde an Land gespült und traf Prinz Erik. Er lud Arielle in seinen Palast ein. Die Meerhexe lachte gackernd. Ohne Stimme würde es Arielle unmöglich sein, Erik dazu zu bringen, sie innerhalb von nur drei Tagen zu küssen! Aber schon bald begann sich Erik zu Ursulas Erstaunen in Arielle zu verlieben. Am zweiten Tag von Arielles Verwandlung machten sie und Erik einen romantischen Ausflug mit dem Boot. Arielles Freunde spielten ein Liebeslied, und Erik und Arielle sahen einander in die Augen. Ursula war klar, dass sie eingreifen musste. „Abschaum! Meerschaum! Stopp! Sofort!", sagte sie. Als Erik sich vorbeugte, um Arielle zu küssen, kippten die Aale das Boot um. Erik und Arielle landeten mit einem Platsch im Wasser!

Ursula beobachtete Arielle und Erik von ihrer Höhle aus. „Das war knapp", sagte sie. „Es wird Zeit, dass ich die Angelegenheit selbst in die Hand nehme."

Prinz Erik war vielleicht dabei, sich in Arielle zu verlieben. Aber Ursula wusste, dass die Frau, die er wirklich liebte, diejenige war, die ihn bei seinem Schiffbruch gerettet hatte.

Wenn Ursula ihn davon überzeugen könnte, dass sie selbst dieses Mädchen war, hatte Arielle keine Chance mehr, sein Herz zu gewinnen.

Mit ihrer Magie verzauberte sich Ursula in eine wunderschöne Frau.

„Tritons Tochter wird mir gehören!", rief sie.

Ursula erschien in ihrer Verkleidung am Palast. Sie sprach ein Zauberwort, um den Prinzen zu verführen, und begann zu singen. Die Muschel um ihren Hals glühte, als die Stimme von Arielle aus der verkleideten Meerhexe kam.

Erik hörte das Lied von seinem Balkon aus. Er wurde sofort von dem Zauber in Bann gezogen. In Trance versprach er, Ursula am folgenden Tag zu heiraten. Er dachte, sie sei eine Frau namens Vanessa!

Am nächsten Tag gingen Vanessa und Erik an Bord ihres Hochzeitsschiffes. Als die Zeremonie begann, konnte Ursula nicht aufhören, hämisch zu grinsen. Sie stand Seite an Seite mit Erik am Altar. Die Meerhexe war sich ihres Sieges sicher. Aber bevor sie den Bund fürs Leben schließen konnten, stieg Arielle an Bord! Mit ihr kamen Vögel und Meeresbewohner. Die Vögel stießen auf Ursula herab und zogen an ihrer Muschelkette.

Die Meerhexe versuchte vergeblich, die wütenden Tiere abzuwehren – sie waren zu stark für ihre menschliche Hülle. Die Muschel fiel auf den Boden des Schiffes und zerbrach in viele Stücke. Arielles Stimme flog zu ihr zurück.

„Erik!", sagte Arielle endlich.

Bei diesem Wort brach der Bann, den Ursula Erik auferlegt hatte. Erik begriff, dass Arielle das Mädchen war, das ihn gerettet hatte. Die Meerhexe war außer sich vor Zorn!

Der Prinz ging auf Arielle zu. „Du bist es. Du bist es immer gewesen", sagte er.

„Geh von ihr weg!", schrie Ursula.

Aber Ursula hätte sich nicht sorgen müssen. In diesem Moment ging die Sonne

unter. „Du bist zu spät dran!", schrie Ursula, als sich Arielles Beine bereits

zurück in einen Fischschwanz verwandelten. Ursula lachte auf. Arielle gehörte

ihr.

   Blitze zuckten, als Ursula sich in ihre wahre Gestalt zurückverwandelte. Sie

packte Arielle und zog sie ins Meer.

Plötzlich erschien König Triton. „Ursula! Lass sie los!", befahl er.

„Sie gehört jetzt mir", sagte Ursula. Sie zeigte König Triton Arielles Vertrag. Ein Lächeln huschte über ihr Gesicht. Auf diesen Moment hatte sie gewartet. „Wir haben eine Abmachung. Natürlich wäre ich bereit für einen Tauschhandel …"

König Triton konnte nicht zulassen, dass die Meerhexe ihm seine geliebte Tochter nahm. Er war damit einverstanden, Arielles Platz als einer von Ursulas ewigen Dienern einzunehmen.

Ursula grinste, als der mächtige König zu einer blassen Kreatur zusammenschrumpfte. Dreizack und Krone fielen zu Boden.

Ursula hob die Krone auf. „Endlich gehört sie mir!", rief sie und setzte sich die Krone auf. Sie nahm den Dreizack. Aber als sie ihn gerade gebrauchen wollte, griff Arielle sie an. Dann erschien Erik. Er war zu ihnen ins Wasser gesprungen.

Ursula wollte ihn mit dem Dreizack schlagen, aber Arielle zog an ihrem Arm. Der Schlag traf stattdessen Abschaum und Meerschaum. Darüber wurde Ursula furchtbar wütend. Die kleine Meerjungfrau war schuld am Tod ihrer kostbaren Aale!

Mithilfe des Dreizacks wurde Ursula größer und größer, bis sie schließlich hoch über dem Meer aufragte.

„Nun bin ich die Herrscherin über den ganzen Ozean!", rief sie. „Das Meer und alles, was dazugehört, beugt sich meiner Macht!"

Sie fuhr mit dem Dreizack durch die Wellen und rührte sie zu sich drehenden Strudeln. „So viel zu wahrer Liebe!"

Aber Ursula bemerkte nicht das versunkene Schiff, das aus einem ihrer Strudel emporstieg. Geistesgegenwärtig ging Erik an Bord des Schiffes. Er steuerte den zackigen Bug geradewegs in Ursulas Herz. Ursula schrie und fiel zurück ins Meer. Sie war besiegt.

Nun, da Ursula fort war, verwandelten sich König Triton und alle anderen, die von Ursula versklavt worden waren, zurück in Meereslebewesen. Alle feierten – bis auf Arielle. Sie hegte immer noch den Wunsch, an Land zu leben. König Triton wollte, dass seine Tochter glücklich war, und verwandelte sie zurück in einen Menschen. Er lächelte, als sie am Strand Erik wiedertraf. Endlich war Arielle Teil der Menschenwelt, die sie so sehr liebte. Und sie lebte dort glücklich bis an ihr Lebensende.

Dschafar

Mitten in der Wüste heckte ein böser Zauberer namens Dschafar einen Plan aus, wie er den Sultan von Agrabah stürzen könnte. Dschafar war der Ratgeber des Sultans, dem dieser am meisten vertraute. Aber Dschafar wollte das Königreich regieren.

Dschafar beauftragte den Dieb Gazeem damit, die Einzelteile eines magischen, goldenen Skarabäus zu finden. Als er die Teile zusammenfügte, wurde der Skarabäus zum Leben erweckt. Dschafar folgte ihm zu einem Höhleneingang, der aussah wie der Kopf eines Tigers. Er führte in die magische Wunderhöhle. Dschafar hoffte, darin eine sehr kostbare Lampe zu finden …

Dschafar grinste durchtrieben. Nachdem er jahrelang danach gesucht hatte, war er endlich nahe daran, die machtvolle Lampe in den Händen zu halten.

Als Gazeem sich dem Eingang näherte, dröhnte es aus dem Tigerkopf: „Nur einer darf eintreten – der Ungeschliffene Diamant!"

Plötzlich fiel die Eingangstür in sich zusammen. Gazeem verschwand im Sand!

Dschafar war wütend. „Ich werde ihn finden", sagte er, „diesen Ungeschliffenen Diamanten."

Dschafar kehrte nach Agrabah zurück, fest entschlossen, den Ungeschliffenen Diamanten zu finden. Aber damit dies gelang, brauchte er den Mystischen Blauen Diamantring des Sultans.

Einige Tage später kam der Sultan auf Dschafar zu. „Ich brauche dringend deinen weisen Rat", sagte er. Er erzählte, dass sich seine Tochter Jasmin weigerte zu heiraten.

Dschafar sah seine Chance gekommen. Er sagte lächelnd: „Vielleicht erahne ich eine Lösung dieses schwierigen Problems. Aber dazu bräuchte ich den Mystischen Blauen Diamanten …"

Seine Augen begannen rot zu glühen. Er hypnotisierte den Sultan, der ihm selig seinen Ring aushändigte.

In seiner geheimen Kammer benutzte Dschafar den Diamantring des Sultans, um den Sand der Zeit zu beleben.

„Verrate mir, wer derjenige ist, der die Höhle betreten kann", befahl er.

Der Sand zeigte das Bild eines armen Jungen namens Aladdin.

„Da ist er", frohlockte Dschafar, „mein Ungeschliffener Diamant. Die Wächter sollen eine Einladung zum Palast aussenden!"

Dschafar schaute in die Sanduhr und lachte boshaft. Bald würde er über ganz Agrabah regieren!

Die Wächter sperrten Aladdin und seinen Affen Abu in den Kerker. Dschafar spionierte ihn aus und hörte, wie er etwas von der Tochter des Sultans murmelte. Er war in sie verliebt!

Nun wusste Dschafar, wie er den Jungen dazu bringen konnte, zu tun, was er wollte!

Er verkleidete sich als gebrechlicher alter Mann und trat in den Kerker. Er bot Aladdin an, ihn zu einem reichen Mann zu machen, wenn er ihm nur einen kleinen Gefallen tat.

„Mein Junge, es gibt da eine Höhle. Eine Höhle voller Wunder, gefüllt mit Schätzen, die deine kühnsten Träume übertreffen. Genug Schätze, um deine Prinzessin zu beeindrucken."

Dschafar zeigte Aladdin den geheimen Ausgang des Kerkers und führte ihn zur Wunderhöhle.

„Wer stört meinen Schlaf?", brüllte der Tigerkopf.

„Ich bin es, Aladdin", antwortete der Junge.

„Tritt ein", donnerte der Tiger.

„Denk dran, Junge!", rief Dschafar ihm hinterher, als Aladdin in die glühende Höhle starrte. „Zuerst holst du mir die Lampe. Danach erhältst du deine Belohnung."

Dschafar beobachtete triumphierend, wie Aladdin die Höhle betrat. Bald würde die Lampe ihm gehören!

Plötzlich begann der Boden, zu rumpeln und zu wackeln. Dschafar fluchte leise. Der Junge musste etwas anderes berührt haben als die Lampe!

Dschafar ging zum Eingang der Höhle und spähte hinein. Aladdin hing an einem Felsen. Der Boden um ihn herum stürzte zusammen. Aladdin flehte den alten Mann um Hilfe an.

„Gib mir erst die Lampe", sagte Dschafar.

Aladdin reichte ihm die Lampe. Dschafar lachte höhnisch. Er hatte keine
Verwendung mehr für Aladdin und ließ Abu und ihn auf den Grund der
Höhle fallen.

Dschafar beobachtete schadenfroh, wie der Eingang zur Höhle wieder im
Boden versank. Lächelnd griff er in seinem Umhang nach der Lampe – nur
um festzustellen, dass sie verschwunden war! Der Affe des Jungen musste
sie gestohlen haben!

Er heulte auf vor Wut.

Zurück im Palast schmiedete Dschafar einen Plan. Beim Versuch, die Lampe in seinen Besitz zu bringen, war er gescheitert. Aber es gab noch eine andere Möglichkeit, an die Macht zu kommen. Nach dem Gesetz durfte der Sultan selbst entscheiden, wen seine Tochter heiratete, wenn kein geeigneter Prinz gefunden werden konnte.

Dschafar hypnotisierte den Sultan wieder mit seinem Schlangenstock. „Du wirst der Prinzessin befehlen, mich zu heiraten", sagte er.

In diesem Moment gab es draußen einen Tumult. Dschafar trat auf den Balkon. Unter ihm ritt ein neuer Prinz in die Stadt. Sein Name war Prinz Ali. Er war hier, um um die Prinzessin zu werben.

Dschafar beobachtete wütend, wie
Prinz Ali den Sultan und die Prinzessin
umgarnte. Er konnte nicht zulassen,
dass dieser nervtötende Prinz all das
ruinierte, wofür er so hart gearbeitet hatte.
Auf Dschafars Befehl hin nahmen die
Palastwachen Prinz Ali fest.

„Es tut mir leid, aber du hast unsere
Gastfreundschaft nun genug ausgenutzt,
Prinz Ali", sagte Dschafar. Er lachte
leise vor sich hin, während die Wachen
Prinz Alis Füße fesselten und ihn ins
Meer warfen. Prinzessin Jasmin war auf
der Suche nach einem Prinzen nun ganz
schön in Zeitnot. Bald würde sie keine
andere Wahl mehr haben, als Dschafar
zu heiraten!

Am folgenden Tag erschien Prinz Ali im Palast. Bevor Dschafar ihn aufhalten konnte, offenbarte der Prinz, dass Dschafar ihn hatte töten wollen und den Sultan mit seinem Schlangenstock kontrollierte.

Als sich Prinz Ali zu ihm umdrehte, bemerkte Dschafar eine Lampe in seiner Tasche. Dschafar schnappte nach Luft. Prinz Ali war in Wirklichkeit Aladdin! Er musste mithilfe der Lampe aus der Wunderhöhle entkommen sein.

Der Sultan befahl seinen Wachen, Dschafar gefangen zu nehmen. Aber Dschafar entkam. Er versteckte sich, bis Aladdin allein in seinem Zimmer war. Dschafars Papagei Jago verstellte seine Stimme, sodass sie klang wie Jasmin, und lockte Aladdin nach draußen. Während Aladdin nach Jasmin suchte, stahl Jago die Lampe und gab sie Dschafar.

Endlich hatte Dschafar das, wonach er sich so lange gesehnt hatte. Er rieb an der magischen Lampe, und der Dschinni erschien.

Ohne zu zögern, sprach Dschafar dem Dschinni seinen ersten Wunsch aus: „Ich will herrschen wie ein Sultan!"

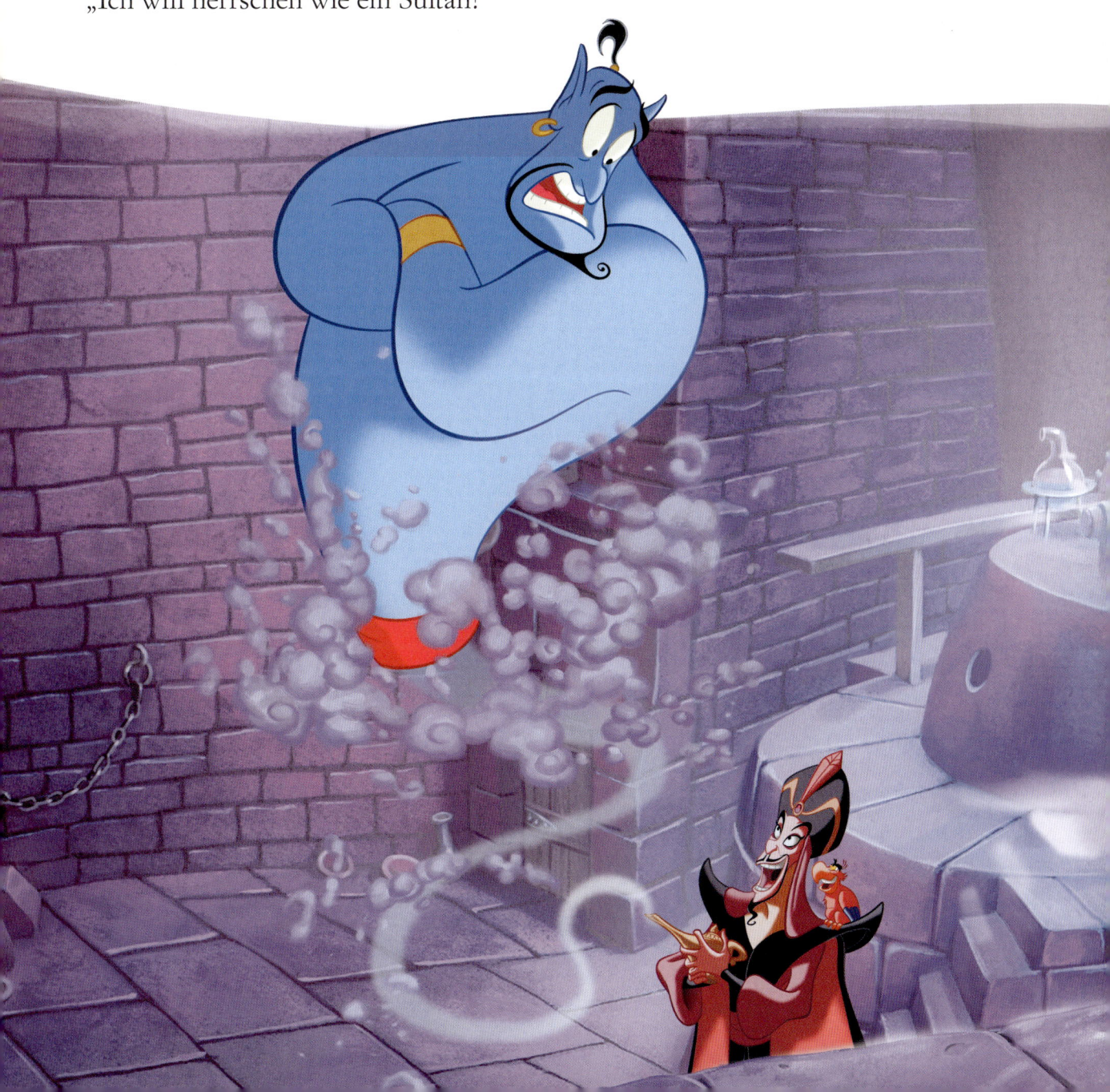

Als Nächstes wünschte sich
Dschafar, der mächtigste
Zauberer auf der ganzen Welt
zu sein. Dann verlangte er,
Aladdin weit, weit weg ins
Exil zu schicken.

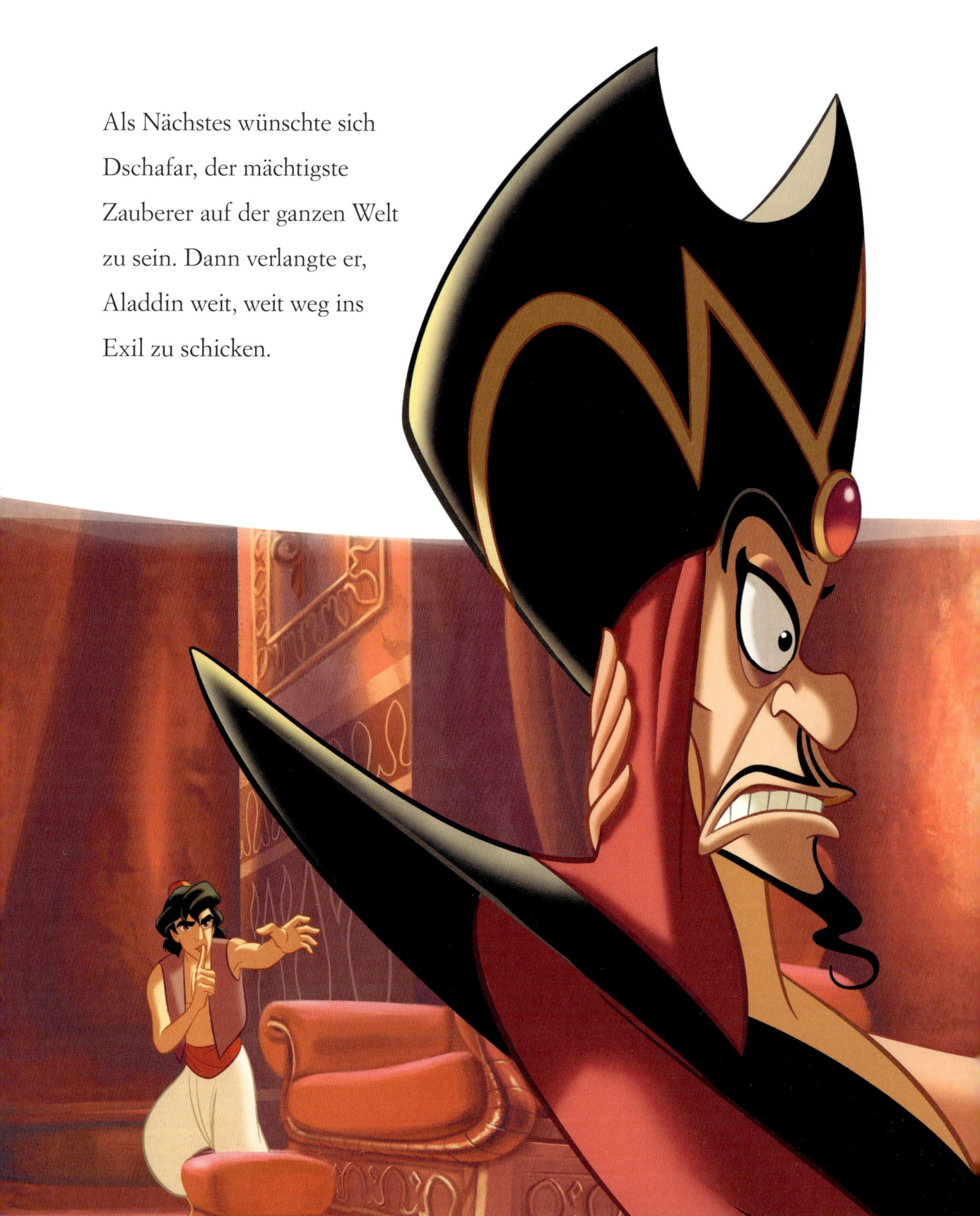

Dschafar kicherte voller Freude. Er würde alles bekommen, was er sich jemals gewünscht hatte.

Und was noch besser war: Jasmin begann anscheinend, die Dinge ähnlich zu sehen wie er.

„Dschafar", sagte sie. „Mir ist noch nie aufgefallen, wie unglaublich gut du aussiehst."

Dschafar wollte ihre Umarmung erwidern. Aber als er näher kam, spiegelte sich eine beunruhigende Erscheinung in ihrer Krone: Aladdin war zurück!

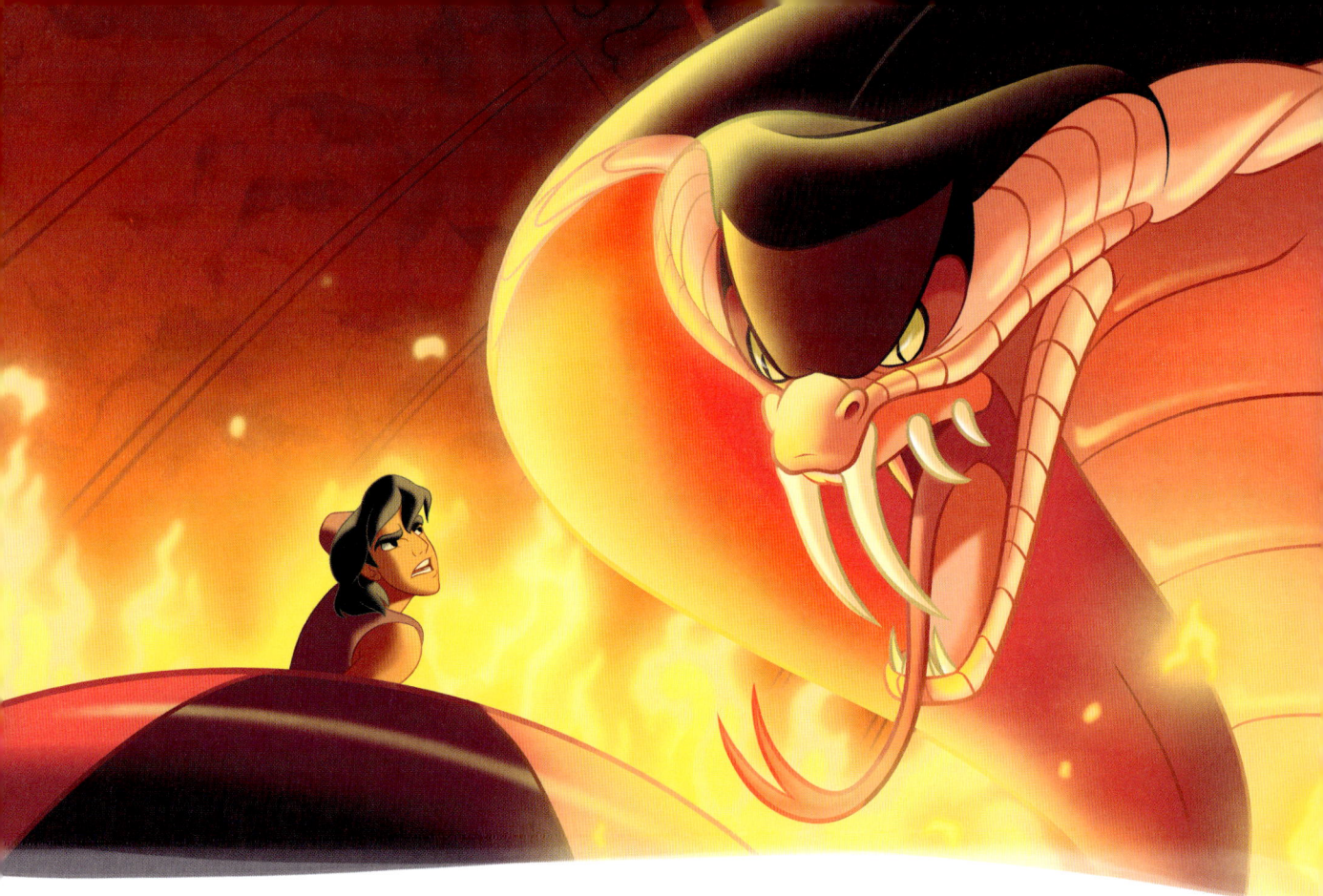

Dschafar hatte alles auf gute Art regeln wollen. Damit war jetzt Schluss. Er sperrte Jasmin in einer riesigen Sanduhr ein. Dann entschied er sich, Aladdin ein für alle Mal zu erledigen.

Dschafar sah, wie der Junge ein Schwert ergriff. „Hast du Angst, selbst mit mir zu kämpfen, du feige Schlange?", rief Aladdin.

Dschafar lachte unbeeindruckt. „Vielleicht möchtest du gern sehen, wie schlangengleich ich sein kann", antwortete er und verwandelte sich in eine gewaltige Kobra. „Du kleiner Narr. Meinst du, du könntest das mächtigste Wesen der Welt besiegen?"

Dann sagte Aladdin etwas, das Dschafar innehalten ließ: „Der Dschinni hat mehr Macht, als du jemals haben wirst!"

Dschafar wollte gerade zuschlagen, als ihm klar wurde, dass der Junge recht hatte. Dschafar war ein mächtiger Zauberer, aber es war der Dschinni, der ihm all diese Macht verliehen hatte. Zornig sprach Dschafar seinen letzten Wunsch aus.

„Ich möchte ein übermächtiger Dschinni sein!", befahl er.

Dschafar wurde sofort in einen Dschinni verwandelt. Nun war er nicht mehr aufzuhalten. Er würde nicht nur das Königreich, sondern die ganze Welt regieren!

Aber Dschafar hatte eine Sache vergessen: Ein
Dschinni ist dazu verdammt, in einer Lampe zu leben.
Dschafar sah, wie Aladdin die Lampe aufhob. Der
böse Dschinni schrie, als er hineingesogen wurde.
Er war hereingelegt worden!

Aladdin nahm die Lampe wieder an sich und befreite mit seinem letzten Wunsch den Dschinni. Der Sultan war endlich von Dschafars Bann erlöst, und Aladdin und Jasmin heirateten. Friede und Glück kehrten wieder im Königreich ein.

Noch mehr spannende Disney-Geschichten!